AFFAIRES
DE LA PLATA

LE TRAITÉ LE PRÉDOUR

ET

LES INTÉRÊTS DE LA FRANCE DANS L'AMÉRIQUE DU SUD

PAR

M. EDMOND BLANC

Ancien Conseiller d'État, ancien Député

PARIS

LIBRAIRIE DE GOUJON, RUE DU BAC, 41

—

Octobre 1849

AFFAIRES DE LA PLATA.

AFFAIRES DE LA PLATA.

OBSERVATIONS

SUR LE PROJET DE CONVENTION

SIGNÉ PAR M. LE CONTRE-AMIRAL LE PRÉDOUR.

Au moment où l'Assemblée va être appelée à discuter les bases du traité que M. le contre-amiral le Prédour a soumis à la ratification du gouvernement français, il est utile de préciser les motifs de notre intervention dans les affaires de la Plata et d'examiner si notre diplomatie militaire peut se reposer sur un succès.

En faisant des rives de la Plata le théâtre d'une lutte dont la portée échappe à l'esprit public, la France a poursuivi un double but. Elle a voulu assurer l'indépendance de Montevideo, que menace l'ambition du dictateur de Buenos-Ayres, Rosas, et ouvrir à son commerce, au commerce européen, le cours des grands fleuves de l'Amérique du Sud dont la réunion forme le Rio de la Plata.

Un intérêt d'honneur s'attache pour elle à l'indépendance de Montevideo ; sur 50,000 habitants que compte cette ville, 14,000 sont Français. Poussés par le génie de l'émigration, nos nationaux sont allés

1849

creuser le sillon de notre avenir commercial, et, grâce à leur industrie, grâce aussi à la sympathie qui les environnait, ils ont pu ac-
climater dans ces parages lointains nos goûts et nos besoins. Les
chiffres auront ici plus d'éloquence que les paroles. En 1842, avant
le renouvellement de la lutte, les exportations de notre commerce
pour Montevideo s'élevaient à la somme de 37,800,000 fr., somme
énorme si on la compare au chiffre des consommateurs, 180,000 habitants qui composent la population de la République orientale de
l'Uruguay. Aujourd'hui la guerre fait ombre au tableau, et le sou-
venir de cette brillante prospérité, qui est l'orgueil du passé, ravive
les douleurs du présent. Nos exportations de 37,800,000 fr. sont des-
cendues à 7,000,000 fr. La France est donc fondée à élever la voix en
faveur de Montevideo. En droit, elle s'étaye sur le traité conclu, en
février 1828, entre la République argentine (Buenos-Ayres) et le
Brésil, sous les auspices de l'Angleterre, et qui sert de berceau à
l'indépendance légale de Montevideo. En fait, la sûreté compromise
de ses nationaux et les blessures éprouvées par son commerce l'au-
torisent à exiger des garanties et des réparations.

A cette question personnelle vient se joindre une question d'intérêt général. Il suffit de jeter les yeux sur la carte pour compren-
dre les avantages que la libre navigation du Parana et de l'Uruguay
présente au commerce de l'Europe. Si la France, avant 1843, trou-
vait à Montevideo des débouchés assez considérables pour écouler
37,800,000 fr. de marchandises, quelles destinées lui offrirait le parcours des fleuves qui, avec leurs affluents, traversent plus de 1,000
licues de pays ! Courant de l'ouest à l'est vers l'Océan atlantique, le
Rio de la Plata semble inviter les bâtiments à remonter son cours,
large devant Montevideo de 40 licues, devant Buenos-Ayres de 12,
puis à suivre le Parana et l'Uruguay, pour porter dans le centre de
l'Amérique méridionale les merveilles de l'industrie de notre con-
tinent.

Ce que la nature rend si facile est entravé par la résistance d'un
seul homme. Rosas n'a conservé jusqu'ici sa dictature à Buenos-
Ayres qu'en travaillant à former un faisceau de haines nationales,
habilement exploitées , contre les envahissements de la politique
étrangère. Il a tenté de séduire cette vieille race espagnole par
l'appât de la nationalité , et, pour la préserver de la contagion des

idées européennes, qui renverserait l'échafaudage fragile de ses subterfuges, il a imaginé un moyen renouvelé des Chinois, il a interdit au commerce étranger la navigation du Parana. Cette muraille prohibitive n'a encore reçu qu'une trouée : c'est à l'époque où les flottes combinées de la France et de l'Angleterre détruisirent, au combat d'Obligado, le barrage qui fermait le cours du Parana, et où deux bateaux à vapeur remontèrent ce fleuve et son affluent le Paraguay, traînant après eux 117 voiles marchandes.

La France a réclamé, sans pouvoir l'obtenir de Rosas, la libre navigation du Rio de la Plata. Elle a voulu faire reconnaître en Amérique un principe consacré par le traité de Vienne, et qui, à ce titre, ressort du droit des nations. Sera-t-elle moins heureuse dans ses négociations avec le dictateur Rosas que les Anglais l'ont été en Chine dans une situation analogue sous quelques rapports, en forçant par la voie des armes et des négociations l'entrée des villes du Céleste-Empire, regardées par la foi et des habitudes séculaires comme des sanctuaires impénétrables aux étrangers ?

On vient d'exposer les motifs de l'intervention française sur les rives de la Plata ; on va voir si le traité de M. le contre-amiral le Prédour donne satisfaction aux exigences de notre politique, et si c'est le cas de dire avec le proverbe : *On ne perd rien pour attendre.*

Projet de convention pour rétablir les parfaites relations d'amitié entre la France et la Confédération argentine.

« S. E. M. le Président de la République Française et S. E. M. le
« Gouverneur et Capitaine Général de la province de Buenos-Ayres,
« chargé des relations extérieures de la Confédération Argentine,
« désirant terminer les différends existants, et rétablir les parfaites
« relations d'amitié, conformément aux désirs manifestés par les deux
« gouvernements, le Gouvernement Français ayant déclaré n'avoir
« aucune vue particulière ou intéressée, et aucun autre désir que de
« voir rétablir avec sécurité la paix et l'indépendance des États de

« la Plata telles qu'elles sont reconnues par les traités, ont nommé à
« cet effet pour leurs plénipotentiaires, savoir :

« S. E. M. le Président de la République Française, le contre-ami-
« ral F. le Prédour, et S. E. M. le Gouverneur et Capitaine Général
« de la province de Buenos-Ayres, S. E. M. le ministre des relations
« extérieures, le camériste et docteur D. Felipe Arana, lesquels,
« après s'être communiqué leurs pleins pouvoirs et les avoir trouvés
« en bonne et due forme, ont arrêté ce qui suit :

« ART. I. Le gouvernement argentin, d'accord avec *son allié*,
« adhérera à une suspension immédiate d'hostilités entre les forces
« orientales de la ville de Montevideo et celles de la campagne, aus-
« sitôt que ladite suspension d'hostilités aura été signée par *son allié*
« en temps convenable. »

La France reconnaît Oribe comme président de la République de
l'Uruguay. Mais a-t-elle ce droit? D'abord elle oublie l'abdication
solennelle du général Oribe, qui remonte à 1838 ; ensuite elle se lance
dans une voie arbitraire, en imposant à Montevideo la présidence de
l'homme qui, depuis six ans, a tiré l'épée contre elle.

« ART. II. La suspension des hostilités étant convenue comme il
« est établi à l'article antérieur, il reste accordé que le plénipoten-
« tiaire de la République française réclamera du gouvernement de
« Montevideo le *désarmement immédiat* de la légion étrangère et de
« tous les autres étrangers qui se trouveront en armes dans toute
« autre partie de la République orientale, et que cet acte et les ter-
« mes dudit désarmement seront réglés par l'*allié* du gouvernement
« argentin, d'accord avec le négociateur français, dans la conven-
« tion qui le concerne. »

La légion étrangère se compose en presque totalité de Français ;
la France s'engage ainsi à exiger de ses nationaux la remise de leurs
armes, et on lui adjoint, comme surveillant, le général Oribe, l'allié
de Rosas, à qui est réservé, par un raffinement de politesse interna-
tionale, la satisfaction de désarmer, sous les yeux de la flotte française, les Français qu'il se vante d'avoir combattus.

Art. III. On jugera des progrès de notre politique par la simple comparaison des bases *Hood* posées en 1846, et du projet *le Prédour* présenté en 1849. Le parallèle dispense de tout commentaire :

<table>
<tr><td>

Bases Hood.

« *En même temps* que ce dés-
« armement des étrangers s'ef-
« fectuera, le général Rosas fera
« évacuer tous les points du ter-
« ritoire oriental par la totalité
« des troupes argentines, officiers
« et soldats. »

</td><td>

Bases le Prédour.

« Art. III. *Lorsque* le désarme-
« ment stipulé dans le précédent
« article *sera effectué*, le gouverne-
« ment argentin, *avec le consente-*
« *ment de l'allié de* la Confédéra-
« tion, fera évacuer tous les points
« du territoire oriental par la to-
« talité des troupes argentines. »

</td></tr>
</table>

« Art. IV. Le gouvernement français, ayant levé le 18 juin 1848
« le blocus qu'il avait établi devant les ports de Buenos-Ayres, s'en-
« gage à lever aussi, au moment de la suspension des hostilités, le
« blocus des ports de la République orientale, à évacuer l'île Martin
« Garcia, à restituer les navires de guerre argentins qui sont en sa
« possession, autant qu'il sera possible, dans le même état qu'ils ont
« été pris, *à saluer le pavillon de la Confédération argentine de vingt*
« *et un coups de canon.* »

Les rôles sont renversés. La France réclamait des indemnités pour ses résidents : c'est elle qui en paiera au dictateur, c'est elle qui supportera les charges de la guerre. Ses nationaux ont été dépouillés de leurs biens, jetés dans les fers et traités à la façon des malfaiteurs. Elle demandait une réparation : on lui fait tirer vingt et un coups de canon en l'honneur de Rosas.

« Art. V. Les deux parties contractantes *remettront* à leurs pro-
« priétaires respectifs tous *les navires* marchands avec leurs cargai-
« sons *pris durant le blocus.* »

Pour rendre une chose, il faut de toute nécessité l'avoir reçue ou l'avoir prise. On demande à connaître les bâtiments *français* que Rosas a pu saisir, lorsqu'il était bloqué par la flotte *française*.

« Art. VI. Le gouvernement de la République française reconnaît
« que la navigation du fleuve Parana est *une navigation intérieure* de
« la Confédération argentine, et *sujette seulement* à ses lois et règle-
« ments, de même que celle du fleuve l'Uruguay en commun avec
« l'État oriental. »

L'article VI est destiné à répondre à la volonté qu'a exprimée la
France, d'ouvrir le Parana à son commerce ; il confirme le *statu quo*
et encourage les principes qui dirigent la conduite de Rosas vis-à-vis
des étrangers. La politique du dictateur est un mélange d'ambition
et de défiance ; en même temps qu'elle jette ses filets sur Montevideo, elle tend à fermer l'Amérique méridionale aux Européens, et à
leur cacher les mystères du gouvernement.

La France met à servir ce plan une courtoisie que, dans un pays
voisin, on traiterait cavalièrement de duperie. Elle rive les chaînes
qu'elle avait dessein de rompre : mais sait-elle quelle arme sa géné-
rosité maladive met aux mains de Rosas ?

Deux pays de l'Amérique du Sud ont souvent élevé des protesta-
tions contre ce véto mis sur la navigation du Parana ; ce sont le Brésil et la République du Paraguay. Leur situation géographique expli-
que la vivacité de leurs réclamations. Le Parana sort des montagnes
du Brésil, et de là se dirige vers le sud pour incliner du côté de l'est,
où il prend le nom de Rio de la Plata : on comprend que le commerce
brésilien attache une haute importance à suivre cet itinéraire, tracé
au cœur de l'Amérique méridionale.

Quant à la République du Paraguay, le libre parcours de ce fleuve
est pour elle une question de vie dans le présent, et de prospérité
dans l'avenir. Encadrée, comme elle l'est, entre le Paraguay à l'ouest
et le Parana à l'est, qui tous deux en se réunissant forment sa limite
naturelle du sud, elle est réduite à un séquestre politique et commercial, si le régime prohibitif du dictateur argentin obtient l'assenti-
ment de l'Europe. On la condamne au régime cellulaire, sans écouter
ses plaintes, et tout son crime consiste dans cette faute de la nature,
de lui avoir réservé le dangereux honneur du voisinage de Rosas.

Le Brésil et la République du Paraguay ont la prétention assez
naturelle d'avoir la clef de leurs portes et de se passer d'une permis-
sion étrangère, lorsque l'envie les prendra de sortir des limites de

leurs provinces. Mais le dictateur, de son côté, entend parler en maître aux pays qui l'environnent ; il a écrit dans les décrets de sa politique indigène que l'Amérique méridionale serait fermée à l'air européen : tant pis pour ceux que suffoque l'atmosphère américaine. Tant de bravade appelait un châtiment, et la France semblait avoir pris en main le soin de tirer raison des outrages faits au droit des nations. D'une puissance vengeresse, l'article VI fait une complice maladroite ; il confirme Rosas dans le droit d'interdire au commerce étranger, comme au commerce de l'Amérique, le cours d'un fleuve qui baigne ses États ; il devient un talisman pour légaliser l'arbitraire.

Le Brésil, le Paraguay et Montevideo auront une mesure des succès de notre politique. Triste héritage que la France laissera sur les rives de la Plata ! Il se rencontrera cependant un gouvernement qui recueillera avec l'empressement du joueur, que les fautes de son adversaire enrichissent, les débris épars de notre influence. L'Angleterre nous a côtoyés dans cette question, elle la connaît sous toutes ses faces, et lorsque le temps lui semblera venu d'ouvrir à son industrie les débouchés de l'Amérique du Sud, elle saura frapper au cœur le système dictatorial de Rosas, et forcer l'entrée du Parana au nom des principes du traité de Vienne. Ainsi l'intérêt particulier de son commerce ira encore s'abriter sous la pompe des grandes maximes du droit public. Quant à la France, elle remontera le Parana, mais à la remorque des bâtiments anglais !

« ART. VII. Le gouvernement français ayant déclaré qu'il est « pleinement admis et reconnu que la République argentine est en « possession et jouissance incontestable de tous les droits, soit de « paix, soit de guerre, qui appartiennent à un État indépendant, et « que si le cours des événements qui ont eu lieu dans la République « orientale a mis les puissances alliées dans la nécessité d'interrom- « pre momentanément l'*exercice du droit de guerre* de la part de la « République argentine, il est pleinement admis que les principes « sous lesquels elles ont agi auraient été, dans des circonstances « analogues, applicables à la France et à la Grande-Bretagne, il « reste convenu que le gouvernement argentin, vu cette déclaration, « réserve *son droit* pour le discuter *en temps opportun* avec le gou-

« vernement français, dans la partie relative à l'application du
« principe. »

La rédaction de cet article vise à l'obscurité ; mais les intentions
qui s'en échappent sont d'une transparence à rassurer les amis de
Rosas sur le sort des indemnités, qu'il se réserve le droit *de discuter
en temps opportun avec le gouvernement français*. La France fait un
confiteor ; elle reconnaît que la Confédération argentine devait inter-
venir dans la lutte personnelle, engagée par Oribe contre Montevideo,
et qu'elle l'a gênée dans l'exercice de son droit de guerre. Comme
châtiment, elle s'engage à payer au dictateur les balles qui ont frappé
nos marins au combat d'Obligado.

« ART. VIII. Si le gouvernement de Montevideo se refusait à li-
« cencier les troupes étrangères, et particulièrement à désarmer
« celles qui font partie de la garnison de Montevideo, ou s'il retar-
« dait sans nécessité l'exécution de cette mesure, le plénipoten-
« tiaire de la République française déclarera qu'il a reçu *l'ordre de
« cesser toute intervention ultérieure*, et se *retirera* en conséquence,
« dans le cas où ses recommandations et ses représentations reste-
« raient sans effet. »

Rosas règle la conduite comminatoire que la France devra tenir à
l'égard des Français engagés dans la légion étrangère de Montevideo, dans le cas où ils se refuseraient à livrer les armes qui, par
l'abandon de la mère-patrie, sont leur dernière ressource contre les
agressions de leurs ennemis.

« ART. IX. Le gouvernement argentin ayant déclaré qu'il con-
« clurait cette convention, en tant que son *allié*, S. Ex. M. le briga-
« dier D. Manuel Oribe, y *aurait consenti préalablement*, ce qui est
« pour le gouvernement de la Confédération une *condition indispen-
« sable* de tout arrangement des différends existants, a procédé à sol-
« liciter son consentement, et le gouvernement de la République fran-
« çaise a *réglé avec ledit allié* de la Confédération la *convention* qui le
« concerne. Le gouvernement argentin ayant obtenu ce consentement,
« et le gouvernement français ayant réglé cette convention, il est
« donné cours et conclusion à la présente. »

Rosas fait de la participation de son *allié*, le général Oribe, au traité le Prédour la base principale de la négociation. La France souscrit à cette prétention ; elle sanctionne ainsi le titre d'*allié* qu'Oribe s'attribue par la grâce du dictateur ; elle reconnaît dans sa personne, après un refus de sept ans, le président de la République orientale, et s'engage même à traiter avec lui.

« ART. X. Le gouvernement de la Confédération ayant déclaré
« spontanément et conformément à ses principes constants qu'il ne
« trouve pas de la compétence du gouvernement argentin, mais de
« celle du gouvernement de la République orientale de l'Uruguay,
« les points relatifs aux affaires domestiques de cette République,
« ces points restent *à la décision de S. Ex. M.* le brigadier D. Ma-
« nuel Oribe dans la *convention qu'il fera* avec le gouvernement
« français. »

Oribe, en sa qualité de président de la République orientale, est investi du droit de conclure un traité avec la France ; Rosas fait marcher de front les deux négociations.

« ART. XI. Il reste convenu que, dans les exemplaires de la pré-
« sente convention, on donnera dans le texte *français*, à l'allié
« de la Confédération, le titre de S. E. M. le brigadier D. Manuel
« Oribe, et dans le texte *espagnol* le titre et caractère de S. E. M. le
« président de l'État oriental de l'Uruguay au brigadier D. Manuel
« Oribe, de même que dans la *version française* on désignera sous le
« nom de *gouvernement de Montevideo* l'autorité y existante, et que,
« dans la version *espagnole*, on lui donnera la dénomination de l'*au-
« torité de fait de Montevideo.* »

Dans le texte français, Oribe reçoit le titre de *brigadier* ; dans le texte espagnol, la qualification de *président de l'État oriental de l'Uruguay* ; dans l'un, l'État de Montevideo est désigné sous le nom de *gouvernement de Montevideo* ; dans l'autre, il devient *l'autorité de fait de Montevideo.* Il faut le dire bien haut, ces manéges de langage font planer sur une négociation un nuage de défiance, et d'ordinaire de telles roueries diplomatiques, décorées du nom d'*articles secrets,* ont au moins la pudeur d'éviter la lumière de la publicité. Oribe a déposé la présidence en 1838, à la suite de démêlés qu'il avait eus avec notre gouvernement; depuis cette époque il n'a qu'une idée fixe, il veut rentrer en vainqueur dans cette ville de Montevideo, où les souvenirs de sa chute sont autant de trophées de notre influence, et c'est aujourd'hui la France qui lui en ouvrirait les portes ! On a compris la honte du rôle et l'embarras qu'éprouverait l'acteur à paraître sur la scène, et voici ce qu'on a imaginé pour échapper aux stigmates de l'opinion publique : la France traitera *officiellement* Oribe de *brigadier;* Montevideo trouvera dans ce résultat une satisfaction d'amour-propre et un motif de sécurité pour l'avenir ; mais sous ses yeux, de son consentement, Oribe, son ennemi, sera le président de la République orientale ; en d'autres termes, il rétablira sa domination dans Montevideo, que notre désertion aura livrée à sa vengeance. Seulement, et les admirateurs du vieil honneur français vont apprendre à connaître un de ses procédés tout modernes, cette prise de possession se racontera en *espagnol.*

« ART. XII. Moyennant cette convention, une parfaite amitié entre « le gouvernement français et celui de la Confédération rétablit l'état « antérieur de bonne intelligence et de cordialité. »

On comprend l'amitié subite de Rosas. Les services rendus exigent un retour de politesse. A défaut d'avantages directs, la France trouvera dans ce traité le bonheur, bien envié, de recueillir la cordialité du dictateur.

« ART. XIII. La présente convention sera ratifiée par le gouvernement argentin quinze jours après la présentation de la ratification par le gouvernement de la République française, et les deux « ratifications seront échangées.

« En foi de quoi les plénipotentiaires ont signé et scellé la présente « convention.

« *Signé* F. LE PRÉDOUR.

« *Signé* FELIPE ARANA.

Rosas, qui a passé quatre mois à forger les termes de ce traité, *se réserve le droit de ratification.* La France ne peut, au dernier article, user de cruauté : pressée de sortir du dédale des affaires de la Plata, elle consent à renouer encore le fil interrompu des négociations.

RÉSUMÉ.

La France voulait l'indépendance de Montevideo; — elle lève le blocus des ports de la République orientale et abandonne Montevideo au général Oribe (art. 4-10-11).

La France voulait la libre navigation du Parana; — elle le ferme à son commerce (art. 6).

La France voulait des garanties pour la sûreté de ses quatorze mille nationaux; — elle les désarme (art. 3-8).

La France voulait des indemnités pour son commerce ; — elle en paiera au dictateur (art. 4-7).

La France voulait châtier l'insolence de Rosas; — elle salue le pavillon de *son cordial allié* de vingt et un coups de canon (art. 4-12).

La France voulait amener à merci le général Oribe; — elle le reconnaît comme allié de Rosas et comme président de l'État oriental de l'Uruguay (art. 2-9-11).

En présence de ces résultats, il n'est pas sans intérêt, pour l'honneur national, de rappeler les paroles qui ont été prononcées à l'Assemblée le 30 avril 1849 au moment où la question du subside de Montevideo s'agitait à la tribune. On verra comme le projet de convention de M. le contre-amiral le Prédour reflète l'esprit de la chambre. *M. Aylies* prend la parole et dit: «.... Ainsi, à quelque « point de vue que vous envisagiez la question, l'intérêt et l'honneur « de la France y sont engagés. Les traités sont violés, les droits de « nos compatriotes sont évidemment méconnus, et l'intérêt français « au point de vue industriel, au point de vue de la colonisation, au « point de vue commercial, prend à mes yeux une importance si con- « sidérable qu'il y aurait à l'abandonner, selon moi, une véritable « trahison. »

M. Gustave de Beaumont monte à la tribune après M. Aylies.

«.... Les questions sont pour les peuples, non-seulement ce qu'elles
« sont en elles-mêmes, mais aussi ce qu'elles sont par la manière
« dont elles se trouvent posées ; et quand une nation comme la France
« a pendant si longtemps engagé ses intérêts, son honneur, son
« armée, ses nationaux à la défense d'une question, il ne dépend pas,
« en un instant, d'un caprice, je dirai même d'une résolution de l'As-
« semblée, de faire disparaître les considérations d'honneur et de
« dignité qui attachent le pays à cette question. »

(Moniteur universel du 1ᵉʳ mai 1849.)

Enfin les paroles de *lord Aberdeen* vont rassurer la conscience de
ceux qui hésitent à courir les aventures politiques sans connaître les
intentions de l'Angleterre, sans s'être munis de ce précieux passe-
port. Elles ont été prononcées le 12 juillet dernier à la chambre des
lords : «.... J'étais au *Foreign-Office* moi-même quand l'Etat de
« Montevideo fut créé, et lord Ponsomby a agi par mes instructions.
« Sans doute l'indépendance de l'Etat de l'Uruguay n'a pas reçu notre
« formelle garantie, mais le désir du gouvernement britannique était
« que l'indépendance de cet Etat dût être reconnue, et, *d'après les*
« *récentes transactions, nous sommes liés par l'honneur et la simple*
« *justice* à veiller à ce que cette indépendance soit maintenue. Tel
« était l'esprit des bases appelées *bases Hood*, qui avaient été arrêtées
« d'accord entre le gouvernement de France et celui d'Angleterre....
« Je ne m'opposerai pas à quelques modifications, l'indépendance
« *étant substantiellement* maintenue ; mais ces modifications peuvent,
« dans un cas donné, altérer tout le caractère de ma proposition: Par
« exemple, j'ai dit que l'indépendance de l'Etat Oriental était tout ce
« qui nous importe ; mais si le général Rosas voulait exiger une mo-
« dification qui permît à son armée de rester en possession de l'Etat
« de l'Uruguay, je ne considérerais point cela comme une modification,
« mais bien comme l'entière destruction du véritable principe de la
« proposition. »

Les actes de lord Aberdeen n'ont pas démenti ses paroles. En 1828,
comme secrétaire d'État des affaires étrangères, il présidait à la

création de l'État oriental de l'Uruguay, et, en 1845, il offrait à la France le concours loyal du ministère de M. Peel, pour défendre l'indépendance de Montevideo contre les forces réunies de Rosas et d'Oribe. Cette conduite est le programme de la politique que suivra l'Angleterre dans cette question, lorsqu'elle tiendra compte des besoins de son commerce. Sans doute lord Palmerston s'est écarté de la sincérité de lord Aberdeen.; mais en mettant le feu aux poudres, sur les rives de la Plata, comme ailleurs, pour préserver son originalité du contact des traditions de ses prédécesseurs, Sa Seigneurie a provoqué l'explosion des murmures de la presse et des plaintes des résidents anglais de Montevideo. La France n'a pas mission de protéger les intérêts du commerce de l'Angleterre ; elle n'obéit pas davantage au désir égoïste de monopoliser les profits d'une bonne situation. Son intervention énergique à Montevideo rendrait la vie à ses nationaux, en même temps qu'elle ouvrirait le Parana et l'Uruguay au commerce européen, aux Français comme aux Anglais. Il y a donc place pour tous les intérêts dans cette question, et le soin de les faire prévaloir ne saurait mieux tomber qu'entre les mains de la France : les rôles qu'elle aime tant à jouer, où les exigences de l'honneur national s'allient à la défense d'un grand principe d'ordre politique, lui ont souvent porté bonheur.

Imprimerie d'E. Duverger, rue de Verneuil, 6.